RICHARD WAGNER

Der fliegende Holländer

ROMANTISCHE OPER IN DREI AUFZÜGEN

VOLLSTÄNDIGES BUCH

HERAUSGEGEBEN UND EINGELEITET
VON WILHELM ZENTNER

PHILIPP RECLAM JUN. STUTTGART

Universal-Bibliothek Nr. 5635
Alle Rechte vorbehalten. Herstellung: Reclam Stuttgart
Printed in Germany 1980
ISBN 3-15-005635-7

EINLEITUNG

Dem »Fliegenden Holländer« kommt in Richard Wagners Schaffen eine grundlegende Bedeutung zu. Der Meister selbst hat sie mit den Worten gekennzeichnet: »Das war das erste Volksgedicht, das mir tief ins Herz drang und mich als künstlerischen Menschen zu seiner Deutung und Gestaltung im Kunstwerk mahnte.«

Der Stoff war ihm durch ein Werk der zeitgenössischen Literatur nahegebracht worden. Im Jahre 1838 hatte der damals am Deutschen Theater in Riga als Kapellmeister wirkende Wagner Heinrich Heines *Memoiren des Herren von Schnabelewopski* (1831) gelesen, in deren siebtes Kapitel, verstrickt in ein amouröses Abenteuer des Erzählers, die Fabel vom Fliegenden Holländer eingewoben war (siehe Anhang). Diese selbst geht auf eine um 1600 entstandene, durch den Volksmund überlieferte Sage zurück. Schnabelewopski-Heine gibt vor, sie in Form eines Bühnenstückes auf einem Amsterdamer Theater gesehen zu haben. Unverzüglich reagierte Wagners dramatisches Temperament auf den Stoff, ohne sich Heines sarkastische Schlußfolgerungen zu eigen zu machen. Mit der künstlerischen Gestaltung sollte es allerdings noch sein Bewenden haben. Der literarischen Anregung folgte ein mächtigerer Anstoß durch das Erlebnis eines schweren Seesturms, den Wagner, nach Aufgabe seines Rigaer Engagements, auf der Fahrt von Pillau nach London zu bestehen hatte. Das Schiff sah sich gezwungen, vor dem Toben des Unwetters Schutz im bergenden Hafen eines skandinavischen Fjords zu suchen. »Die Durchfahrt durch die Schären machte einen wunderbaren Eindruck auf meine Phantasie; die Sage vom fliegenden Holländer, wie ich sie aus dem Munde der Matrosen bestätigt erhielt, gewann in mir eine bestimmte, eigenartige Farbe, die ihr nur die von mir erlebten Seeabenteuer verleihen konnten.« Der charakteristische Rhythmus des Matrosenrufes beim Ankerwerfen, von

den Felswänden der Bucht zurückgeworfen, kerbte sich
dem Gedächtnis unauslöschlich ein, er wird zur musikalischen Keimzelle des Matrosenchors.

Allein noch immer kommt es nicht zur letzten künstlerischen Verdichtung der empfangenen Eindrücke und
Visionen. Diese sollte erst in dem Augenblick zur Tat
werden, als die Drangsal der Pariser Notjahre Wagner
die Verwandtschaft des friedlosen Seemanns und seines
Schicksals mit dem eigenen Leben empfinden ließ. Zunächst wurde mit Heines Einverständnis ein textlicher
Entwurf in französischer Sprache skizziert und der Großen Oper eingereicht in der Hoffnung, mit der Vertonung betraut zu werden. Der Komponist Meyerbeer,
an den Wagner sich gewandt hatte, wirkte dabei als Für-
sprecher. Die Skizze gefiel, jedoch die Theaterdirektion
mutete dem Autor zu, den Stoff an den französischen
Komponisten und Dirigenten des Hauses, Pierre Louis
Philippe Dietsch, abzutreten. Seine trostlose Lage nötigte
Wagner, um den Preis von 500 frs einzuwilligen. Tat-
sächlich ging *Le vaisseau fantôme (Das Geisterschiff)* mit
der Musik von Dietsch nach geraumer Zeit in der Großen Oper in Szene, errang indessen nur einen lauen Erfolg und verschwand alsbald in der Versenkung.

Wagner, der es nicht ertragen konnte, daß andere ernten
sollten, wo er mit Herzblut gesät hatte, machte sich unverzüglich an die Ausarbeitung des deutschen Textes.
Zehn Maitage des Jahres 1841 genügten, um diesen
fertigzustellen. Ursprünglich hatte sich Wagner den *Fliegenden Holländer* als Einakter in drei Bildern gedacht,
ein Plan, der den balladesken Charakter der atemlos
abrollenden Handlung unterstützte. Schließlich entschloß
er sich aber doch zu einer Einteilung in drei Aufzüge,
weil die szenischen Möglichkeiten des damaligen Theaters
die für ein pausenloses Durchspielen erforderlichen
raschen Verwandlungen der Schauplätze noch nicht ge-
statteten. Erst die Bayreuther Aufführung vom Jahre
1901, deren Beispiel seither manche Bühne gefolgt ist,
hat die ursprüngliche Absicht des Schöpfers verwirk-
licht.

In der dramaturgischen Anlage schimmert die Heinesche

Erzählung zwar noch spürbar durch, sie ist indessen wesentlich erweitert und poetisch vertieft, der ironische Unterton ausgemerzt worden. In der Art, wie der Stoff angepackt und gestaltet wird, offenbart sich Wagners dramatisches Genie. Die Gestalt Eriks, als Gegenspieler des Holländers, ist neu eingefügt worden. Ohne diesen wäre der dramatische Konflikt des dritten Aufzuges nicht möglich geworden. Aus dem anonymen schottischen Kaufmann Heines ist der norwegische Seefahrer Daland geworden. Dalands Tochter Senta trägt in der Vorlage den Vornamen Katharina, der Wagner aus musikalischen Gründen nicht verwendbar erschien. Einige Einzelzüge, wie den nächtlichen Spuk auf dem Schiff des Holländers, könnte Wagner der Erzählung von Wilhelm Hauff *Die Geschichte vom Gespensterschiff* (1826) verdankt haben. In der sprachlichen Diktion bekunden sich Wagners beträchtliche dichterische Gaben, und so konnte Franz Liszt später mit Recht rühmen: »Das Textbuch verrät einen echten Dichter, einen Poeten von Gottes Gnaden, eine Hand, von der jede Zeile, jeder Federstrich weit über die bis jetzt bekannten Operntexte sich erhebt.« Wagner selbst datierte vom *Holländer* an seine »Laufbahn als Dichter«. Gemeint ist damit die unmittelbare Verflechtung von Wort und Ton zu einem beziehungsvollen Ganzen, die intuitive Versenkung in ein Einzelschicksal, dessen Erhebung zum allgemeingültigen, vom Feuer der poetischen Idee durchglühten künstlerischen Gleichnis; Eigenschaften, welche in der Haupt- und Staatsaktion des *Rienzi*, einem typischen Operntext, noch kaum zu ahnen waren. So vollzieht sich im *Fliegenden Holländer* eine Wendung von außen nach innen, ein erstes künstlerisches »Erkenne dich selbst!«, außerdem die entscheidende Begegnung mit der Welt der Sage, die fortan den Wurzelboden nahezu des gesamten weiteren Schaffens bilden sollte. Auch der »Erlösungsgedanke«, bei Heine und Hauff erst keimhaft vorgeformt, tritt bereits in ausgesprochen Wagnerscher Eigenart, der liebenden Selbstaufopferung für fremde Schuld, hervor.

Von seiner Aufgabe im Innersten erfüllt, schritt der Meister zur Vertonung der Dichtung, bei deren Entstehung schon musikalische Gesichtspunkte und Vorstellungen mitgewirkt hatten. »In sieben Wochen war die ganze Oper komponiert, bis auf die Instrumentation.« Und an anderer Stelle läßt der Tondichter wissen: »Eine wollüstig schmerzliche Stimmung gebar mir den längst empfangenen Fliegenden Holländer.« Als letztes Stück der Partitur wurde die Ouvertüre am 5. November 1841 abgeschlossen. »In Nacht und Elend. Per aspera ad astra. Gott gebe es!«, so lauteten Wagners Widmungsworte auf dem Titelblatt. Er war sich bewußt, als Künstler einen entscheidenden Schritt nach vorwärts gewagt zu haben, bei dem »nicht der melodische Ausdruck an sich, sondern die ausgedrückte Empfindung die Teilnahme des Zuhörers anrege«. Eine völlige Einheit konnte in diesem Punkte allerdings noch nicht erzielt werden; neben Szenen, die schon völlig nach diesem Prinzip gestaltet sind, verharren andere, wie Wagner selbst zugab, noch mehr in der Konvention der überlieferten Opernform.

Die sehnsüchtige Erwartung einer baldigen Aufführung erfüllte sich zunächst nicht. Die Bühnen in Leipzig und München lehnten schon nach der Lektüre des Buches ab, letztere fand befremdlicherweise den Stoff »für Deutschland nicht geeignet«. Hierauf rief Richard Wagner als Vermittler Meyerbeer an, der erfolgreich an der Berliner Hofoper intervenierte. Allein auch diese Aussichten sollten sich zerschlagen. Graf Redern, der die Oper angenommen hatte, legte die Intendanzgeschäfte nieder; an seine Stelle trat der frühere Münchner Bühnenleiter Theodor von Küstner, von dem das Werk bereits an der Isar abschlägig beschieden worden war. So blieb es der Dresdener Hofoper vorbehalten, den *Fliegenden Holländer* als erste auf die Bühne zu bringen. Die Uraufführung fand am 2. Januar 1843 statt. Wagner war inzwischen durch den Erfolg des *Rienzi* sächsischer Hofkapellmeister und ein berühmter Mann geworden. Allerdings konnte sich *Der Fliegende Holländer* nicht der gleichen enthusiastischen Aufnahme erfreuen, wie sie dem *Rienzi* zuteil geworden war. Teilweise mag die überstürzte Vorbereitung und eine wenig günstige Besetzung der Hauptrollen, unter denen nur Senta in der genialen Persönlichkeit von

Wilhelmine Schröder-Devrient eine hervorragende Vertreterin gefunden hatte, die Schuld daran getragen haben; im übrigen stieß die klare Absage an den Geist der großen Oper, dem *Rienzi* noch gehuldigt und seinen Erfolg zu danken hatte, auf Befremden und Widerstand. Wagner befand sich mit dem *Fliegenden Holländer*, wenn dieser das Nummernschema der alten Oper auch noch durchblicken ließ, auf dem direkten Wege zur musikdramatischen Diktion. Die musikalische Grundsubstanz bilden das Holländermotiv und Sentas Erlösungsmotiv; ihre Verwendung in der Oper steht auf der Grenzscheide zwischen dem alten »Erinnerungsmotiv« und Wagners späterer leitthematischer Arbeitsweise.

Trotzdem wäre es eine irreführende Einseitigkeit, wollte man die Schöpfung, die von Sentas zentral beherrschender Ballade, dem »verdichteten Bild des ganzen Dramas«, nahezu sämtliche musikalischen Impulse empfängt, lediglich als eine Art Zwischenglied, als Etappe in der musikdramatischen Entwicklung Wagners betrachten. Man wird dem innersten Wesen, dem individuellen Charakter des *Fliegenden Holländers* schwerlich gerecht, wenn man auf einem solchen ›musikbiologischen‹ Standpunkte verharrt. Der Betrachter liefe dabei Gefahr, das unbestreitbar Einmalige und Einzigartige dieses Werkes zu übersehen. Darf es nicht als bezeichnend gelten, daß Richard Wagner in seinem weiteren Schaffen den hier angestrebten und verwirklichten Stil der ›dramatischen Ballade‹ nicht mehr wiederholt hat, nicht mehr wiederholen wollte? Gewiß trug er sich bis in die letzten Lebensjahre hinein mit dem Gedanken einer Umarbeitung, damit sich das Werk »würdig an Tannhäuser und Lohengrin reihe«. Jedoch die Tatsache, daß Wagner schließlich doch von diesem Vorhaben abgestanden ist, müßte zu denken geben. Sollte nicht doch die Überzeugung die Oberhand gewonnen haben, daß mit einer derartigen Umformung ein Teil des Besonderen, der ungebrochenen Romantik und Jugendkraft des Holländer-Dramas, sein Kern und Eigenwert verlorengehen müßten?

Wir lieben heute den *Fliegenden Holländer* ungeachtet mancher, nachmals von seinem Schöpfer selbst gerügten

Schwächen und Unvollkommenheiten, lieben ihn vielleicht gerade deswegen, weil es nun einmal zum Wesen
der Ballade gehört, manches im Zwielicht bloßer Andeu-
tung zu lassen, die knappen, aber groß und kühn um-
reißenden Striche einer breiten Ausmalung vorzuziehen
und so der Phantasie im Reich des Unausgesprochenen
willkommenen Spiel- und Entfaltungsraum zu gönnen.
Nachdem C. M. von Weber in seinem *Freischütz* den
Wald zum Helden einer Oper gemacht hatte, ist dieser
Held im *Fliegenden Holländer* das Meer geworden. Und
jene ›opernhaften‹ Züge, welche dieser musikalischen
Verklärung des Ozeans teilweise noch ihr Gesicht geben
– sie sind unserem Verständnis heute, da wir von der
alleinseligmachenden Geltung des musikdramatischen
Ideals nicht mehr so unbedingt überzeugt sind wie frü-
here Generationen, wieder nähergerückt.
So kann man Richard Wagners dramatische Ballade
unter zwei Aspekte stellen, die beide ihre Berechtigung
haben. Der eine wird in ihr einen ersten, wenngleich noch
nicht bewußt gewagten Schritt ins Zukunftsland des
Musikdramas erblicken, der andere hingegen einen letzten Gipfelpunkt romantischen Opernschaffens. Dem
Spezifischen des *Holländers* kommt die zweite Art der
Betrachtung möglicherweise näher. Es ist bestimmt kein
Zufall, wenn die dämonischen Mächte in dieser Oper
mit musikalisch nahezu zitatgleichen Zungen wie in
Webers *Freischütz* sprechen, wenn die stofflichen und
künstlerischen Beziehungen zu Heinrich Marschners *Vam-
pyr* und *Hans Heiling*, obwohl Wagner später von
ihnen abzulenken trachtete, nicht von der Hand zu wei-
sen sind.
Von der Gestalt Sentas aus gesehen, in der Wagners
musikalisch-poetisches Vermögen erste strahlende Ver-
lebendigung gewinnt, taucht überdies Beethovens *Fidelio*
unter den Vorbildern auf. Auch Leonore wird zur Ret-
terin und Erlöserin eines zwar nicht gleich dem Holländer schuldhaft, sondern schuldlos Verdammten durch die
Macht und Unerschütterlichkeit einer Liebe, die hoch
über den sinnlich-geschlechtlichen Bezirk hinauswächst.
Es wäre jedoch ungerecht, wollte man die vergleichende

Betrachtung einseitig nach rückwärts schweifen lassen. *Der Fliegende Holländer* hat in der Operngeschichte nicht nur Vorbilder gehabt; er ist zudem selbst Vorbild geworden. Zunächst bewährte sich diese fortzeugende Kraft in Wagners eigenem späterem Schaffen: der ruhelose »Wanderer« Wotan, der sich nach dem »Ende« als dem erlösenden Ereignis verzehrt, trägt ohne Zweifel holländerhafte Züge, ist ohne diesen Vorgänger kaum denkbar.

Die unleugbar starke Wirkung, die auch heute noch vom *Fliegenden Holländer* auszustrahlen vermag, gründet nicht nur in der blühenden, schon in der Ouvertüre zu einem packenden Gemälde verdichteten Naturromantik, sie entspringt ebenso der unmittelbar menschlichen Aussagekraft dieser Ballade. Ihr allgemein menschlicher Gehalt läßt den Zuschauer über das musikalische und ästhetische Erlebnis hinaus eine innere Beziehung zu den handelnden Personen, vor allem zu Senta und dem Holländer, erfühlen. Vielleicht wiederholt sich ein Stück Holländerschicksal im Leben nahezu jeden Mannes, auch jene Triebe und Kräfte, die Sentas Empfinden und Handeln durchdringen, dürften kaum einer liebenden Frau fremd sein.

Wilhelm Zentner

ORCHESTERBESETZUNG

Streichinstrumente:	Violinen I und II
	Bratschen
	Violoncelli
	Kontrabässe
Saiteninstrument:	Harfe
Holzblasinstrumente:	2 Große Flöten
	1 Kleine Flöte
	2 Oboen
	1 Englisch Horn
	2 Klarinetten
	2 Fagotte
Blechinstrumente:	4 Hörner
	2 Trompeten
	3 Posaunen
	1 Baßtuba
Schlaginstrumente:	1 Paar Pauken
Auf der Bühne:	6 Hörner

PERSONEN

D a l a n d , ein norwegischer Seefahrer *(Baß)*

S e n t a , seine Tochter *(Sopran)*

E r i k , ein Jäger *(Tenor)*

M a r y , Sentas Amme *(Mezzosopran)*

D e r   S t e u e r m a n n   D a l a n d s   *(Tenor)*

D e r   H o l l ä n d e r   *(Bariton)*

Matrosen des Norwegers. Die Mannschaft des fliegenden
Holländers. Mädchen

Die norwegische Küste

Spieldauer: 2¹/₂ Stunden

Uraufführung: 2. Januar 1843 in Dresden

OUVERTÜRE

(Allegro con brio, d-Moll $^6/_4$ – Andante – Tempo I –
Vivaçe, D-Dur $^4/_4$ alla breve)

ERSTER AUFZUG

Steiles Felsenufer

Das Meer nimmt den größten Teil der Bühne ein; weite
Aussicht auf dasselbe. Finsteres Wetter; heftiger Sturm.

ERSTER AUFTRITT

Das Schiff Dalands hat soeben dicht am Ufer Anker ge-
worfen; die Matrosen sind in geräuschvoller Arbeit be-
schäftigt, die Segel aufzuhissen, Taue auszuwerfen usw.
Daland ist an das Land gegangen; er ersteigt einen Felsen
und sieht landeinwärts, die Gegend zu erkennen.

Nr. 1. Introduktion.

M a t r o s e n *(während der Arbeit).*
  Hojoje! Hojoje! Hallojo! Ho!
D a l a n d *(vom Felsen herabkommend).*
  Kein Zweifel! Sieben Meilen fort
  trieb uns der Sturm vom sichren Port.
  So nah dem Ziel nach langer Fahrt
  war mir der Streich noch aufgespart!
S t e u e r m a n n *(von Bord, durch die hohlen Hände*
  rufend). Ho! Kapitän!
D a l a n d. An Bord bei euch, wie steht's?
S t e u e r m a n n *(wie zuvor).*
  Gut, Kapitän! Wir haben sichren Grund!
D a l a n d. Sandwike ist's! Genau kenn ich die Bucht.
  – Verwünscht! Schon sah am Ufer ich mein Haus!
  Senta, mein Kind, glaubt' ich schon zu umarmen!
  Da bläst es aus dem Teufelsloch heraus ...
  Wer baut auf Wind, baut auf Satans Erbarmen!

(An Bord gehend.)
Was hilft's? Geduld, der Sturm läßt nach;
wenn so er tobte, währt's nicht lang. *(An Bord.)*
He, Bursche! Lange wart ihr wach:
zur Ruhe denn! Mir ist nicht bang!
(Die Matrosen steigen in den Schiffsraum hinab.)
Nun, Steuermann, die Wache nimmst du wohl für
mich?
Gefahr ist nicht, doch gut ist's, wenn du wachst.

S t e u e r m a n n.

Seid außer Sorg'! Schlaft ruhig, Kapitän!
(Daland geht in die Kajüte.)

*(Der Steuermann allein auf dem Verdeck. Der Sturm hat
sich etwas gelegt und wiederholt sich nur in abgesetzten
Pausen; in hoher See türmen sich die Wellen. Der Steuermann macht noch einmal die Runde, dann setzt er sich am
Ruder nieder.)*

S t e u e r m a n n *(gähnt, dann rüttelt er sich auf, als ihn
der Schlaf ankommt).*

Lied.

Mit Gewitter und Sturm aus fernem Meer –
mein Mädel, bin ich dir nah!
Über turmhohe Flut vom Süden her –
mein Mädel, ich bin da!
Mein Mädel, wenn nicht Südwind wär',
ich nimmer wohl käm' zu dir:
ach, lieber Südwind, blas noch mehr!
Mein Mädel verlangt nach mir.
Hohoje! Halloho! Jolohohoho!
*(Eine Woge schwillt an und rüttelt heftig das Schiff.
Der Steuermann fährt auf und sieht nach; er überzeugt
sich, daß kein Schade geschehen, setzt sich wieder und
singt, während ihn die Schläfrigkeit immer mehr über-
mannt.)*
Von des Südens Gestad', aus weitem Land –
ich hab an dich gedacht;
durch Gewitter und Meer vom Mohrenstrand –
hab dir was mitgebracht.
Mein Mädel, preis den Südwind hoch,
ich bring dir ein gülden Band;

ach, lieber Südwind, blase doch!
  Mein Mädel hätt' gern den Tand.
            Hohoje! Halloho!
  (Er kämpft mit der Müdigkeit und schläft endlich ein.)
*(Der Sturm beginnt von neuem heftig zu wüten; es wird
finsterer. In der Ferne zeigt sich das Schiff des »Fliegenden Holländers« mit blutroten Segeln und schwarzen
Masten. Es naht sich schnell der Küste nach der dem
Schiffe des Norwegers entgegengesetzten Seite; mit einem
furchtbaren Krach sinkt der Anker in den Grund. Der
Steuermann Dalands zuckt aus dem Schlafe auf; ohne
seine Stellung zu verlassen, blickt er flüchtig nach dem
Steuer, und, überzeugt, daß kein Schade geschehen,
brummt er den Anfang seines Liedes »Mein Mädel, wenn
nicht Südwind wär'« und schläft von neuem ein. Stumm
und ohne das geringste Geräusch hißt die gespenstische
Mannschaft des Holländers die Segel auf.)*

ZWEITER AUFTRITT

*Der Holländer kommt an das Land. Er trägt schwarze
Kleidung.*

Nr. 2. Rezitativ und Arie.

Holländer.
  Die Frist ist um, und abermals verstrichen
  sind sieben Jahr'. Voll Überdruß wirft mich
  das Meer ans Land ... Ha, stolzer Ozean,
  in kurzer Frist sollst du mich wieder tragen!
  Dein Trotz ist beugsam – doch ewig meine Qual!
  – Das Heil, das auf dem Land ich suche, nie
  werd ich es finden! – Euch, des Weltmeers Fluten,
  bleib ich getreu, bis eure letzte Welle
  sich bricht und euer letztes Naß versiegt!
    – Wie oft in Meeres tiefsten Schlund
    stürzt' ich voll Sehnsucht mich hinab:
    doch ach! den Tod, ich fand ihn nicht!
    Da, wo der Schiffe furchtbar Grab,
    trieb *mein* Schiff ich zum Klippengrund:
    doch ach! mein Grab, es schloß sich nicht!

Verhöhnend droht' ich dem Piraten,
im wilden Kampfe hofft' ich Tod;
»Hier« – rief ich – »zeige deine Taten!
Von Schätzen voll ist Schiff und Boot.«
Doch ach! des Meers barbar'scher Sohn
schlägt bang das Kreuz und flieht davon.
Wie oft in Meeres tiefsten Schlund
stürzt' ich voll Sehnsucht mich hinab:
doch ach! den Tod, ich fand ihn nicht!
Da, wo der Schiffe furchtbar Grab,
trieb *mein* Schiff ich zum Klippengrund:
Nirgends ein Grab! Niemals der Tod!
Dies der Verdammnis Schreckgebot.

Dich frage ich, gepriesner Engel Gottes,
der meines Heils Bedingung mir gewann:
war ich Unsel'ger Spielwerk deines Spottes,
als die Erlösung du mir zeigtest an?
Vergebne Hoffnung! Furchtbar eitler Wahn!
Um ew'ge Treu' auf Erden – ist's getan!

Nur *eine* Hoffnung soll mir bleiben,
nur *eine* unerschüttert stehn:
so lang der Erde Keime treiben,
so muß sie doch zugrunde gehn.
Tag des Gerichtes! Jüngster Tag!
Wann brichst du an in meine Nacht?
Wann dröhnt er, der Vernichtungsschlag,
mit dem die Welt zusammenkracht?
Wann alle Toten auferstehn,
dann werde ich in Nichts vergehn.
Ihr Welten, endet euren Lauf!
Ew'ge Vernichtung, nimm mich auf!

Mannschaft des Holländers *(aus dem Schiffs-raum).* Ew'ge Vernichtung, nimm uns auf!

DRITTER AUFTRITT

Daland erscheint auf dem Verdeck seines Schiffes; er siebt sich nach dem Winde um und erblickt das Schiff des Holländers, nach dem Steuermann sich umsehend.

Nr. 3. Szene. Duett. Chor.

D a l a n d. He! Holla! Steuermann!

S t e u e r m a n n *(sich schlaftrunken halb aufrichtend).*
's ist nichts! 's ist nichts! *(Um seine Munterkeit zu bezeugen, nimmt er sein Lied auf.)*
Ach, lieber Südwind, blas noch mehr,
  mein Mädel . . .

D a l a n d *(ihn heftig aufrüttelnd).*
Du siehst nichts? — Gelt, du wachest brav, mein
                  Bursch!
Dort liegt ein Schiff . . . wie lange schliefst du schon?

S t e u e r m a n n *(rasch auffahrend).*
Zum Teufel auch! Verzeiht mir, Kapitän!
(Er setzt hastig das Sprachrohr an und ruft der Mannschaft des Holländers zu.)
Wer da?
(Pause. Keine Antwort.)
Wer da?

                  (Pause.)
D a l a n d. Es scheint, sie sind gerad'
so faul als wir.

S t e u e r m a n n *(wie vorher).*
Gebt Antwort! Schiff und Flagge?

D a l a n d *(indem er den Holländer am Lande erblickt).*
Laß ab! Mich dünkt, ich seh den Kapitän.
He! Holla! Seemann! Nenne dich! Wes Landes?

H o l l ä n d e r *(nach einer Pause, ohne seine Stellung zu verlassen).*
Weit komm ich her: verwehrt bei Sturm und Wetter
ihr mir den Ankerplatz?

D a l a n d. Verhüt' es Gott!
Gastfreundschaft kennt der Seemann. — Wer bist du?

H o l l ä n d e r. Holländer.

D a l a n d *(ist ans Land gekommen).*
Gott zum Gruß! — So trieb auch dich

der Sturm an diesen nackten Felsenstrand?
Mir ging's nicht besser: wenig Meilen nur
von hier ist meine Heimat; fast erreicht,
mußt' ich aufs neu mich von ihr wenden. – Sag,
woher kommst du? Hast Schaden du genommen?

Holländer.
Mein Schiff ist fest, es leidet keinen Schaden.
Durch Sturm und bösen Wind verschlagen,
irr auf den Wassern ich umher –
wie lange, weiß ich kaum zu sagen:
schon zähl ich nicht die Jahre mehr.
Unmöglich dünkt mich's, daß ich nenne
die Länder alle, die ich fand:
das eine nur, nach dem ich brenne,
ich find es nicht, mein Heimatland!
Vergönne mir auf kurze Frist dein Haus,
und deine Freundschaft soll dich nicht gereun.
Mit Schätzen aller Gegenden und Zonen
ist reich mein Schiff beladen: willst du handeln,
so sollst du sicher deines Vorteils sein.

Daland.
Wie wunderbar! Soll deinem Wort ich glauben?
Ein Unstern, scheint's, hat dich bis jetzt verfolgt.
Um dir zu frommen, biet ich, was ich kann.
Doch – darf ich fragen, was dein Schiff enthält?

Holländer *(gibt seiner Mannschaft ein Zeichen;
zwei von derselben bringen eine Kiste ans Land).*
Die seltensten der Schätze sollst du sehn,
kostbare Perlen, edelstes Gestein *(er öffnet die Kiste).*
Blick hin und überzeuge dich vom Werte
des Preises, den ich für ein gastlich Dach
dir biete!

Daland *(voll Erstaunen den Inhalt der Kiste prü-
fend).*
Wie? Ist's möglich? Diese Schätze!
Wer ist so reich, den Preis dafür zu bieten?

Holländer. Den Preis? Soeben hab ich ihn genannt:
dies für das Obdach einer einz'gen Nacht!
Doch, was du siehst, ist nur der kleinste Teil
von dem, was meines Schiffes Raum verschließt.

Was frommt der Schatz? Ich habe weder Weib
noch Kind, und meine Heimat find ich nie!
All meinen Reichtum biet ich dir, wenn bei
den Deinen du mir neue Heimat gibst.

D a l a n d. Was muß ich hören!

H o l l ä n d e r. Hast du eine Tochter?

D a l a n d. Fürwahr, ein treues Kind.

H o l l ä n d e r. Sie sei mein Weib!

D a l a n d *(freudig betroffen).*
Wie? Hör ich recht? Meine Tochter sei sein Weib?
Er selbst spricht aus den Gedanken . . .
Fast fürcht ich, wenn unentschlossen ich bleib,
er müßt' im Vorsatze wanken.
Wüßt' ich, ob ich wach oder träume?
Kann ein Eidam willkommener sein?
Ein Tor, wenn das Glück ich versäume!
Voll Entzücken schlage ich ein.

H o l l ä n d e r. Ach, ohne Weib, ohne Kind bin ich,
nichts fesselt mich an die Erde!
Rastlos verfolgt das Schicksal mich,
die Qual nur war mir Gefährte.
Nie werd ich die Heimat erreichen:
was frommt mir der Güter Gewinn?
Läßt du zu dem Bund dich erweichen,
oh! so nimm meine Schätze dahin!

D a l a n d.
Wohl, Fremdling, hab ich eine schöne Tochter,
mit treuer Kindeslieb' ergeben mir;
sie ist mein Stolz, das höchste meiner Güter,
mein Trost im Unglück, meine Freud' im Glück.

H o l l ä n d e r. Dem Vater stets bewahr' sie ihre Liebe;
ihm treu, wird sie auch treu dem Gatten sein.

D a l a n d. Du gibst Juwelen, unschätzbare Perlen,
das höchste Kleinod doch, ein treues Weib –

H o l l ä n d e r. Du gibst es mir?

D a l a n d. Ich gebe dir mein Wort.
Mich rührt dein Los; freigebig, wie du bist,
zeigt Edelmut und hohen Sinn du mir:
den Eidam wünscht' ich so; und wär' dein Gut
auch nicht so reich, wählt' ich doch keinen andren.

Holländer.
      Hab Dank! Werd ich die Tochter heut noch sehn?
Daland.
      Der nächste günst'ge Wind bringt uns nach Haus;
      du sollst sie sehn, und wenn sie dir gefällt –
Holländer. So ist sie mein ... *(Für sich.)*
           Wird sie mein Engel sein?
      Wenn aus der Qualen Schreckgewalten
      die Sehnsucht nach dem Heil mich treibt,
      ist mir's erlaubt, mich festzuhalten
      an *einer* Hoffnung, die mir bleibt?
      Darf ich in jenem Wahn noch schmachten,
      daß sich ein Engel mir erweicht?
      Der Qualen, die mein Haupt umnachten,
      ersehntes Ziel hätt' ich erreicht?
      Ach, ohne Hoffnung, wie ich bin,
      geb ich der Hoffnung doch mich hin!
Daland. Gepriesen seid, des Sturms Gewalten,
      die ihr an diesen Strand mich triebt!
      Fürwahr, bloß brauch ich festzuhalten,
      was sich so schön von selbst mir gibt.
      Die ihn an diese Küste brachten,
      ihr Winde, sollt gesegnet sein!
      Ja, wonach alle Väter trachten,
      ein reicher Eidam, er ist mein.
      Ja, dem Mann mit Gut und hohem Sinn
      geb froh ich Haus und Tochter hin!
(Der Sturm hat sich gänzlich gelegt; der Wind ist um-
                      geschlagen.)
Steuermann *(an Bord).* Südwind! Südwind!
      Ach, lieber Südwind, blas noch mehr!
Matrosen *(die Mützen schwenkend).*
      Halloho! Hohohe! Hallojo!
Daland. Du siehst, das Glück ist günstig dir:
      der Wind ist gut, die See in Ruh'.
      Sogleich die Anker lichten wir
      und segeln schnell der Heimat zu.
Steuermann und Matrosen *(die Anker lich-*
      tend und die Segel aufspannend). Hoho! Hallojo!
Holländer. Darf ich bitten, segelst du voran;

der Wind ist frisch, doch meine Mannschaft müd.
Ich gönn ihr kurze Ruh' und folge dann.
D a l a n d. Doch, unser Wind?
H o l l ä n d e r. Er bläst noch lang aus Süd!
Mein Schiff ist schnell, es holt dich sicher ein.
D a l a n d. Du glaubst? Wohlan, es möge denn so sein!
Leb wohl, mögst heute du mein Kind noch sehn!
H o l l ä n d e r. Gewiß!
D a l a n d *(an Bord seines Schiffes gehend).*
Hei, wie die Segel schon sich blähn!
Hallo! Hallo!
(Er gibt ein Zeichen auf der Schiffspfeife.)
Frisch, Jungen, greifet an!
M a t r o s e n *(im Absegeln jubelnd).*
Mit Gewitter und Sturm aus fernem Meer –
mein Mädel bin dir nah! Hurra!
Über turmhohe Fluten vom Süden her –
mein Mädel, ich bin da! Hurra!
Mein Mädel, wenn nicht Südwind wär',
ich nimmer wohl käm' zu dir;
ach, lieber Südwind, blas noch mehr!
Mein Mädel verlangt nach mir.
Hohoho! Joloho!
(Der Holländer besteigt sein Schiff.)

ORCHESTEREINLEITUNG

(*Allegro vivace, B-Dur* ⁴/₄)

ZWEITER AUFZUG

Ein geräumiges Zimmer im Hause Dalands

An den Seitenwänden Abbildungen von Seegegenständen, Karten usw. An der Wand im Hintergrunde das Bild eines bleichen Mannes mit dunklem Barte und in schwarzer Kleidung.

ERSTER AUFTRITT

Mary und die Mädchen sitzen um den Kamin herum und spinnen; Senta, in einem Großvaterstuhle zurückgelehnt und mit untergeschlagenen Armen, ist im träumerischen Anschauen des Bildes im Hintergrunde versunken.

Nr. 4. Szene. Lied und Ballade.

M ä d c h e n. Summ und brumm, du gutes Rädchen,
   munter, munter, dreh dich um!
   Spinne, spinne tausend Fädchen,
   gutes Rädchen, summ und brumm!
   Mein Schatz ist auf dem Meere draus,
      er denkt nach Haus
      ans fromme Kind;
   mein gutes Rädchen, braus und saus!
      Ach! gäbst du Wind,
      Er käm' geschwind.
      Spinnt! Spinnt!
      Fleißig, Mädchen!
      Brumm! Summ!
      Gutes Rädchen!
M a r y. Ei! Fleißig, fleißig! Wie sie spinnen!
   Will jede sich den Schatz gewinnen.

M ä d c h e n. Frau Mary, still! Denn wohl Ihr wißt,
    das Lied noch nicht zu Ende ist.
M a r y. So singt! Dem Rädchen läßt's nicht Ruh'. –
    Du aber, Senta, schweigst dazu?
M ä d c h e n. Summ und brumm, du gutes Rädchen,
    munter, munter, dreh dich um!
    Spinne, spinne tausend Fädchen,
    gutes Rädchen, summ und brumm!
    Mein Schatz, da draußen auf dem Meer,
      im Süden er
      viel Gold gewinnt;
    ach, gutes Rädchen, saus noch mehr!
      Er gibt's dem Kind,
      wenn's fleißig spinnt.
      Spinnt, spinnt!
      Fleißig, Mädchen!
      Brumm! Summ!
      Gutes Rädchen!
M a r y *(zu Senta).*
    Du böses Kind, wenn du nicht spinnst,
    vom Schatz du kein Geschenk gewinnst.
M ä d c h e n. Sie hat's nicht not, daß sie sich eilt;
    ihr Schatz nicht auf dem Meere weilt.
    Bringt er nicht Gold, bringt er doch Wild –
    man weiß ja, was ein Jäger gilt! *(Sie lachen.)*
S e n t a *(ohne ihre Stellung zu verlassen, singt leise
einen Vers aus der folgenden Ballade vor sich hin).*
M a r y. Da seht ihr's! Immer vor dem Bild!
    (Zu Senta.) Willst du dein ganzes junges Leben
    verträumen vor dem Konterfei?
S e n t a *(wie oben).* Was hast du Kunde mir gegeben,
    was mir erzählt, wer er sei? *(Seufzend.)*
    Der arme Mann!
M a r y. Gott sei mit dir!
M ä d c h e n. Ei, ei! Ei, ei! Was hören wir!
    Sie seufzet um den bleichen Mann!
M a r y. Den Kopf verliert sie noch darum.
M ä d c h e n. Da sieht man, was ein Bild doch kann!
M a r y. Nichts hilft es, wenn ich täglich brumm!
    Komm, Senta! Wend dich doch herum!

M ä d c h e n. Sie hört Euch nicht – sie ist verliebt.
  Ei, ei! Wenn's nur nicht Händel gibt.
  Denn Erik hat gar heißes Blut –
  daß er nur keinen Schaden tut!
  Sagt nichts! Er schießt sonst, wutentbrannt,
  den Nebenbuhler von der Wand. *(Sie lachen.)*
S e n t a *(heftig auffahrend).*
  O schweigt! Mit eurem tollen Lachen
  wollt ihr mich ernstlich böse machen?
M ä d c h e n *(fallen mit komischem Eifer sehr stark ein,
  indem sie die Spinnräder heftig und mit großem Ge-
  räusche drehen, gleichsam, um Senta nicht Zeit zum
  Schmälen zu lassen).*
  Summ und brumm! Du gutes Rädchen,
  munter, munter dreh dich um!
  Spinne, spinne tausend Fädchen,
  gutes Rädchen, summ und brumm!
S e n t a *(ärgerlich unterbrechend).*
  Oh, macht dem dummen Lied ein Ende,
  es brummt und summt nur vor dem Ohr!
  Wollt ihr, daß ich mich zu euch wende,
  so sucht was Besseres hervor!
M ä d c h e n. Gut, singe du!
S e n t a. Hört, was ich rate:
  Frau Mary singt uns die Ballade.
M a r y. Bewahre Gott! Das fehlte mir!
  Den fliegenden Holländer laßt in Ruh'!
S e n t a. Wie oft doch hört' ich sie von dir!
  Ich sing sie selbst; hört, Mädchen, zu!
  Laßt mich's euch recht zum Herzen führen:
  des Ärmsten Los, es muß euch rühren!
M ä d c h e n. Uns ist es recht.
S e n t a. Merkt auf die Wort'!
M ä d c h e n. Dem Spinnrad Ruh'!
M a r y *(ärgerlich).* Ich spinne fort!
M ä d c h e n *(rücken, nachdem sie ihre Spinnräder bei-
  seitegesetzt haben, die Sitze dem Großvaterstuhle
  näher und gruppieren sich um Senta. Mary bleibt am
  Kamin sitzen und spinnt fort).*
S e n t a *(im Großvaterstuhl).*

Ballade,

I.

Johohoe! Johohohoe! Johohoe! Johoe!
Traft ihr das Schiff im Meere an,
blutrot die Segel, schwarz der Mast?
Auf hohem Bord der bleiche Mann,
des Schiffes Herr, wacht ohne Rast.
Hui! – Wie saust der Wind! – Johohe!
Hui! – Wie pfeift's im Tau! – Johohe!
Hui! – Wie ein Pfeil fliegt er hin,
ohne Ziel, ohne Rast, ohne Ruh'! –
Doch kann dem bleichen Manne Erlösung einstens
noch werden,
fänd' er ein Weib, das bis in den Tod getreu ihm auf
Erden! –
Ach! Wann wirst du, bleicher Seemann, sie finden?
Betet zum Himmel, daß bald
ein Weib Treue ihm halt'!
*(Gegen das Ende der Strophe kehrte Senta sich gegen das
Bild. Die Mädchen hören teilnahmsvoll zu; Mary hat
aufgehört zu spinnen.)*

II.

Bei bösem Wind und Sturmes Wut
umsegeln wollt' er einst ein Kap;
er schwur und flucht' mit tollem Mut;
»In Ewigkeit laß ich nicht ab!« –
Hui! – Und Satan hört's – Johohe!
Hui! – und nahm ihn beim Wort! – Johohe!
Hui! – und verdammt zieht er nun
durch das Meer ohne Rast, ohne Ruh'! –
Doch, daß der arme Mann noch Erlösung fände auf
Erden,
zeigt Gottes Engel an, wie sein Heil ihm einst könne
werden!
Ach, könntest du, bleicher Seemann, es finden!
Betet zum Himmel, daß bald
ein Weib Treue ihm halt'!
(Die Mädchen sind ergriffen und singen den Schlußreim

*leise mit. Senta, die schon bei der zweiten Strophe vom
Stuhle aufgestanden war, fährt mit immer zunehmender
Aufregung fort.)*

III.

Vor Anker alle sieben Jahr',
ein Weib zu frein, geht er ans Land:
er freite alle sieben Jahr',
noch nie ein treues Weib er fand. –
Hui! – »Die Segel auf!« – Johohe!
Hui! – »Den Anker los!« – Johohe!
Hui! – »Falsche Lieb', falsche Treu'!
Auf in See, ohne Rast, ohne Ruh'!«

*(Senta, zu heftig angegriffen, sinkt in den Stuhl zurück;
die Mädchen singen nach einer Pause leise weiter.)*

M ä d c h e n. Ach! Wo weilt sie, die dir Gottes Engel
einst könnte zeigen?
Wo triffst du sie, die bis in den Tod dein bliebe
treueigen?

S e n t a *(von plötzlicher Begeisterung hingerissen, springt
vom Stuhle auf.)*
Ich sei's, die dich durch ihre Treu' erlöse!
Mög' Gottes Engel mich dir zeigen!
Durch mich sollst du das Heil erreichen!

M a r y und M ä d c h e n *(erschreckt aufspringend).*
Hilf, Himmel! Senta! Senta!

*(Erik ist zur Tür hereingetreten und hat Sentas Ausruf
vernommen.)*

E r i k. Senta! Senta! Willst du mich verderben?

M ä d c h e n. Helft, Erik, uns! Sie ist von Sinnen!

M a r y. Ich fühl in mir das Blut gerinnen!
Abscheulich Bild, du sollst hinaus,
kommt nur der Vater erst nach Haus!

E r i k *(düster).* Der Vater kommt!

S e n t a *(die in ihrer letzten Stellung verblieben und
von allem nichts vernommen hatte, wie erwachend
und freudig auffahrend).*
Der Vater kommt?

E r i k. Vom Felsen sah sein Schiff ich nahn.

M ä d c h e n *(voll Freude).* Sie sind daheim!

M a r y *(außer sich, in großer Geschäftigkeit).*
   Nun seht, zu was eu'r Treiben frommt!
   Im Hause ist noch nichts getan.
M ä d c h e n. Sie sind daheim! Auf, eilt hinaus!
M a r y *(die Mädchen zurückhaltend).*
   Halt, halt! Ihr bleibet fein im Haus!
   Das Schiffsvolk kommt mit leerem Magen.
   In Küch' und Keller! Säumet nicht!
   Laßt euch nur von der Neugier plagen –
   vor allem geht an eure Pflicht!
M ä d c h e n *(für sich).*
   Ach! Wie viel hab ich ihn zu fragen!
   Ich halte mich vor Neugier nicht. –
   Schon gut! Sobald nur aufgetragen,
   hält hier uns länger keine Pflicht.
   (Mary treibt die Mädchen hinaus und folgt ihnen.)

ZWEITER AUFTRITT

Erik. Senta.
Senta will ebenfalls abgehen; Erik hält sie zurück.

Nr. 5. Duett.

E r i k. Bleib, Senta! Bleib nur einen Augenblick!
   Aus meinen Qualen reiße mich! Doch willst du,
   ach, so verdirb mich ganz!
S e n t a *(zögernd).* Was ist . . .? Was soll?
E r i k. O Senta, sprich, was aus mir werden soll?
   Dein Vater kommt: eh' wieder er verreist,
   wird er vollbringen, was schon oft er wollte . . .
S e n t a. Und was meinst du?
E r i k. Dir einen Gatten geben.
   Mein Herz, voll Treue bis zum Sterben,
   mein dürftig Gut, mein Jägerglück –
   darf so um deine Hand ich werben?
   Stößt mich dein Vater nicht zurück?
   Wenn dann mein Herz im Jammer bricht,
   sag, Senta, wer dann für mich spricht?
S e n t a. Ach, schweige, Erik, jetzt! Laß mich hinaus,
   den Vater zu begrüßen!

Wenn nicht, wie sonst, an Bord die Tochter kommt,
wird er nicht zürnen müssen?
E r i k. Du willst mich fliehn?
S e n t a. Ich muß zum Port.
E r i k. Du weichst mir aus?
S e n t a. Ach, laß mich fort!
E r i k. Fliehst du zurück vor dieser Wunde,
die du mir schlugst, dem Liebeswahn?
Ach, höre mich zu dieser Stunde,
hör meine letzte Frage an:
Wenn dieses Herz im Jammer bricht,
wird's Senta sein, die für mich spricht?
S e n t a *(schwankend).*
Wie? Zweifelst du an meinem Herzen?
Du zweifelst, ob ich gut dir bin?
O sag, was weckt dir solche Schmerzen?
Was trübt mit Argwohn deinen Sinn?
E r i k. Dein Vater, ach! – nach Schätzen geizt er nur ...
Und Senta, du? Wie dürft' auf dich ich zählen?
Erfülltest du nur *eine* meiner Bitten?
Kränkst du mein Herz nicht jeden Tag?
S e n t a. Dein Herz?
E r i k. Was soll ich denken? – Jenes Bild ...
S e n t a. Das Bild?
E r i k. Läßt du von deiner Schwärmerei wohl ab?
S e n t a. Kann meinem Blick Teilnahme ich verwehren?
E r i k. Und die Ballade – heut noch sangst du sie!
S e n t a.
Ich bin ein Kind und weiß nicht, was ich singe ...
O sag, wie? Fürchtest du ein Lied, ein Bild?
E r i k.
Du bist so bleich ... sag, sollte ich's nicht fürchten?
S e n t a.
Soll mich des Ärmsten Schreckenslos nicht rühren?
E r i k. *Mein* Leiden, Senta, rührt es dich nicht mehr?
S e n t a. O prahle nicht! Was kann *dein* Leiden sein?
Kennst jenes Unglücksel'gen Schicksal du?
(Sie führt Erik zum Bilde.)
Fühlst du den Schmerz, den tiefen Gram,
mit dem herab er auf mich sieht?

Ach, was die Ruhe für ewig ihm nahm,
wie schneidend Weh durchs Herz mir zieht!
E r i k.
Weh mir! Es mahnt mich mein unsel'ger Traum!
Gott schütze dich! Satan hat dich umgarnt!
S e n t a. Was schreckt dich so?
E r i k. Senta! Laß dir vertraun:
ein Traum ist's! Hör ihn zur Warnung an!
*(Senta setzt sich erschöpft in den Lehnstuhl nieder; bei
dem Beginn von Eriks Erzählung versinkt sie wie in
magnetischen Schlaf, so daß es scheint, als träume sie den
von ihm erzählten Traum ebenfalls. Erik steht an den
Stuhl gelehnt zur Seite.)*
E r i k *(mit gedämpfter Stimme)*.
Auf hohem Felsen lag ich träumend,
sah unter mir des Meeres Flut;
die Brandung hört' ich, wie sie schäumend
am Ufer brach der Wogen Wut.
Ein fremdes Schiff am nahen Strande
erblickt' ich, seltsam, wunderbar;
zwei Männer nahten sich dem Lande,
der ein', ich sah's, dein Vater war.
S e n t a *(mit geschlossenen Augen)*. Der andre?
E r i k. Wohl erkannt' ich ihn;
mit schwarzem Wams, die bleiche Mien' . . .
S e n t a *(wie zuvor)*. Der düstre Blick . . .
E r i k *(auf das Bild deutend)*. Der Seemann, er.
S e n t a. Und ich?
E r i k. Du kamst vom Hause her,
du flogst, den Vater zu begrüßen;
doch kaum noch sah ich an dich langen,
du stürztest zu des Fremden Füßen –
ich sah dich seine Knie umfangen . . .
S e n t a *(mit steigender Spannung)*. Er hub mich auf . . .
E r i k. An seine Brust;
voll Inbrunst hingst du dich an ihn –
du küßtest ihn mit heißer Lust –
S e n t a. Und dann?
E r i k *(sie überrascht anblickend, nach einer Pause)*.
Sah ich aufs Meer euch fliehn.

S e n t a *(schnell erwachend, in höchster Verzückung).*
　　Er sucht mich auf! Ich muß ihn sehn!
　　Mit ihm muß ich zugrunde gehn!
E r i k *(in Verzweiflung).*
　　Entsetzlich! Ha, mir wird es klar!
　　Sie ist dahin! Mein Traum sprach wahr!
　　　　　　(Er stürzt voll Entsetzen ab.)
S e n t a *(nach dem Ausbruch ihrer Begeisterung in stum-*
　　mes Sinnen versunken, verbleibt in ihrer Stellung, den
　　Blick auf das Bild geheftet; nach einer Pause singt sie
　　leise, aber tief ergriffen, den Schluß der Ballade).
　　Ach, möchtest du, bleicher Seemann, sie finden!
　　Betet zum Himmel, daß bald
　　ein Weib Treue ihm ... Ha!
(Die Tür geht auf. Daland und der Holländer treten ein.
Sentas Blick streift vom Bilde auf den Holländer, sie
stößt einen Schrei der Überraschung aus und bleibt wie
festgebannt stehen, ohne ihr Auge vom Holländer ab-
zuwenden.)

DRITTER AUFTRITT

Senta, Daland und der Holländer.
Der Holländer geht langsam in den Vordergrund.

Nr. 6. Finale.

D a l a n d *(nachdem er an der Schwelle stehengeblieben,*
　　näher tretend).
　　Mein Kind, du siehst mich auf der Schwelle ...
　　Wie? Kein Umarmen? Keinen Kuß?
　　Du bleibst gebannt an deiner Stelle –
　　verdien ich, Senta, solchen Gruß?
S e n t a *(als Daland bei ihr anlangt, ergreift sie seine*
　　Hand).
　　Gott dir zum Gruß! Wer ist der Fremde?
　　(Ihn näher an sich ziehend.)
　　Mein Vater, sprich!
D a l a n d *(lächelnd).* Drängst du mich?

Arie.

Mögst du, mein Kind, den fremden Mann willkommen
heißen;
Seemann ist er gleich mir, das Gastrecht spricht er an.
Lang ohne Heimat, stets auf fernen, weiten Reisen,
in fremden Landen er der Schätze viel gewann.
Aus seinem Vaterland verwiesen,
für einen Herd er reichlich lohnt.
Sprich, Senta, würd’ es dich verdrießen,
wenn dieser Fremde bei uns wohnt?
*(Senta nickt beifällig mit dem Kopfe; Daland wendet
sich zum Holländer.)*
Sagt, hab ich sie zuviel gepriesen?
Ihr seht sie selbst – ist sie Euch recht?
Soll ich von Lob noch überfließen?
Gesteht, sie zieret ihr Geschlecht!
(Der Holländer macht eine Bewegung des Beifalls.)
Mögst du, mein Kind, dem Manne freundlich dich
erweisen!
Von deinem Herzen auch spricht holde Gab’ er an;
reich ihm die Hand, denn Bräutigam sollst du ihn
heißen:
stimmst du dem Vater bei, ist morgen er dein Mann.
*(Senta macht eine zuckende, schmerzliche Bewegung;
ihre Haltung bleibt aber ruhig. Daland zieht einen
Schmuck hervor und zeigt ihn seiner Tochter.)*
Sieh dieses Band, sieh diese Spangen!
Was er besitzt, macht dies gering.
Muß, teures Kind, dich’s nicht verlangen?
Dein ist es, wechselst du den Ring.
*(Senta, ohne ihn zu beachten, wendet ihren Blick nicht
vom Holländer ab, sowie auch dieser, ohne auf Daland
zu hören, nur in den Anblick des Mädchens versunken
ist. Daland wird es gewahr; er betrachtet beide.)*
Doch keines spricht . . . Sollt’ ich hier lästig sein?
So ist’s! Am besten laß ich sie allein.
(Zu Senta.)
Mögst du den edlen Mann gewinnen!
Glaub mir, solch Glück wird nimmer neu.
(Zum Holländer.)

Bleibt hier allein! Ich geh von hinnen.
Glaubt mir, wie schön, so ist sie treu!
(*Er geht langsam ab, indem er die beiden wohlgefällig
und verwundert betrachtet.* Senta und der Holländer
allein. Lange Pause.*)

Duett.

Holländer (*tief erschüttert*).
Wie aus der Ferne längst vergangner Zeiten
spricht dieses Mädchens Bild zu mir:
wie ich's geträumt seit bangen Ewigkeiten,
vor meinen Augen seh ich's hier.
Wohl hub auch ich voll Sehnsucht meine Blicke
aus tiefer Nacht empor zu einem Weib:
ein schlagend Herz ließ, ach! mir Satans Tücke,
daß eingedenk ich meiner Qualen bleib.
Die düstre Glut, die hier ich fühle brennen,
sollt' ich Unseliger sie Liebe nennen?
Ach nein! Die Sehnsucht ist es nach dem Heil:
würd' es durch solchen Engel mir zuteil!
Senta. Versank ich jetzt in wunderbares Träumen,
was ich erblicke, ist es Wahn?
Weilt' ich bisher in trügerischen Räumen,
brach des Erwachens Tag heut an?
Er steht vor mir mit leidenvollen Zügen,
es spricht sein unerhörter Gram zu mir:
kann tiefen Mitleids Stimme mich belügen?
Wie ich ihn oft gesehn, so steht er hier.
Die Schmerzen, die in meinem Busen brennen,
ach! dies Verlangen, wie soll ich es nennen?
Wonach mit Sehnsucht es dich treibt – das Heil,
würd' es, du Ärmster, dir durch mich zuteil!
Holländer (*sich Senta etwas nähernd*).
Wirst du des Vaters Wahl nicht schelten?
Was er versprach, wie? – dürft' es gelten?

---

* Anmerkung der Partitur: Daland entfernt sich langsam, indem
er Senta und den Holländer in der neugierigen Erwartung, ob sie
sich einander nähern werden, eine Zeitlang beobachtet; endlich geht
er in verdrießlicher Verwunderung ab. Der Holländer und Senta
sind allein, sie bleiben bewegungslos, in ihren gegenseitigen Anblick
versunken, auf ihrer Stelle.

Du könntest dich für ewig mir ergeben
und deine Hand dem Fremdling reichtest du?
Soll finden ich nach qualenvollem Leben
in deiner Treu' die langersehnte Ruh'?

S e n t a. Wer du auch seist und welches das Verderben,
dem grausam dich dein Schicksal konnte weihn –
was auch das Los, das ich mir sollt' erwerben:
gehorsam stets werd ich dem Vater sein!

H o l l ä n d e r.
So unbedingt, wie? könnte dich durchdringen
für meine Leiden tiefstes Mitgefühl?

S e n t a *(halb für sich)*.
Oh, welche Leiden! Könnt' ich Trost dir bringen!

H o l l ä n d e r *(der es vernommen)*.
Welch holder Klang im nächtlichen Gewühl!
Du bist ein Engel! Eines Engels Liebe
Verworfne selbst zu trösten weiß.
Oh, wenn Erlösung mir zu hoffen bliebe,
Allewiger, durch *diese* sei's!

S e n t a *(für sich)*.
Ach, wenn Erlösung ihm zu hoffen bliebe,
Allewiger, durch *mich* nur sei's!

H o l l ä n d e r. Oh, könntest das Geschick du ahnen,
dem dann mit mir du angehörst,
dich würd' es an das Opfer mahnen,
das du mir bringst, wenn Treu' du schwörst.
Es flöhe schaudernd deine Jugend
dem Lose, dem du sie willst weihn,
nennst du des Weibes schönste Tugend,
nennst ew'ge Treue du nicht dein!

S e n t a. Wohl kenn ich Weibes heil'ge Pflichten,
sei drum getrost, unsel'ger Mann!
Laß über *die* das Schicksal richten,
die seinem Spruche trotzen kann!
In meines Herzens höchster Reine
kenn ich der Treue Hochgebot:
wem ich sie weih, schenk ich die *eine*,
die Treue bis zum Tod!

H o l l ä n d e r *(mit Erhebung)*.
Ein heil'ger Balsam meinen Wunden

dem Schwur, dem hohen Wort entfließt.
Hört es: mein Heil hab ich gefunden,
Mächte, die ihr zurück mich stießt!
Du, Stern des Unheils, sollst erblassen,
Licht meiner Hoffnung, leuchte neu!
Ihr Engel, die mich einst verlassen,
stärkt jetzt dies Herz in seiner Treu'!

S e n t a. Von mächt'gem Zauber überwunden,
reißt mich's zu seiner Rettung fort:
hier habe Heimat er gefunden,
hier ruh sein Schiff in sichrem Port!
Was ist's, das mächtig in mir lebet?
Was schließt berauscht mein Busen ein?
Allmächt'ger, was mich hoch erhebet,
laß es die Kraft der Treue sein.

Terzett.

D a l a n d *(wieder eintretend).*
Verzeiht! Mein Volk hält draußen sich nicht mehr;
nach jeder Rückkunft, wisset, gibt's ein Fest:
verschönern möcht ich's, komme deshalb her,
ob mit Verlobung sich's vereinen läßt?
(Zum Holländer.)
Ich denk, Ihr habt nach Herzenswunsch gefreit?
(Zu Senta.)
Senta, mein Kind, sag, bist auch du bereit?

S e n t a *(mit feierlicher Entschlossenheit).*
Hier meine Hand! Und ohne Reu'
bis in den Tod gelob ich Treu'!

H o l l ä n d e r. Sie reicht die Hand! Gesprochen sei
Hohn, Hölle, dir durch ihre Treu'!

D a l a n d. Euch soll dies Bündnis nicht gereun!
Zum Fest! Heut soll sich alles freun!
(Alle ab.)

ORCHESTEREINLEITUNG

(Allegro molto, E-Dur ⁴/₄ alla breve)

DRITTER AUFZUG

Seebucht mit felsigem Gestade: das Haus Dalands zur
Seite im Vordergrunde

*Den Hintergrund nehmen, ziemlich nahe beieinander
liegend, die beiden Schiffe, das des Norwegers und das
des Holländers, ein. Helle Nacht: das norwegische Schiff
ist erleuchtet; die Matrosen desselben sind auf dem Verdeck: Jubel und Freude. Die Haltung des holländischen
Schiffes bietet einen unheimlichen Kontrast: eine unnatür-
liche Finsternis ist über dasselbe ausgebreitet; es herrscht
Totenstille auf ihm.*

ERSTER AUFTRITT

Matrosen. Steuermann. Mädchen.

Nr. 7. Szene und Chor.

Matrosen des Norwegers *(trinkend).*
  Steuermann, laß die Wacht!
  Steuermann, her zu uns!
  Ho! He! Je! Ha!
  Hißt die Segel auf! Anker fest!
  Steuermann, her!
Fürchten weder Wind noch bösen Strand,
wollen heute mal recht lustig sein!
Jeder hat sein Mädel auf dem Land,
herrlichen Tabak und guten Branntewein.
  Hussassahe!
  Klipp' und Sturm draus –
  Jollohohe!
  Lachen wir aus!
  Hussassahe!

Segel ein! Anker fest! Klipp' und Sturm lachen wir
aus!

Steuermann, laß die Wacht!
Steuermann, her zu uns!
Ho! He! Je! Ha!
Steuermann, her! Trink mit uns!
Ho! He! Je! Ha!
Klipp' und Sturm, he!
Sind vorbei, he!
Hussahe! Hallohe!
Hussahe! Steuermann! Ho!
Her, komm und trink mit uns!

(Sie tanzen auf dem Verdeck, indem sie den Nieder-
schlag jeden Taktes mit starkem Aufstampfen der Füße
begleiten.)
(Die Mädchen kommen mit Körben voll Speisen und
Getränken.)

Mädchen. Mein, seht doch an! Sie tanzen gar!
Der Mädchen bedarf's da nicht fürwahr.
(Sie gehen auf das holländische Schiff zu.)

Matrosen. He! Mädel! Halt! Wo geht ihr hin?
Mädchen.
Steht euch nach frischem Wein der Sinn?
Eur Nachbar dort soll auch was haben!
Ist Trank und Schmaus für euch allein?
Steuermann.
Fürwahr! Tragt's hin den armen Knaben!
Vor Durst sie scheinen matt zu sein!
Matrosen. Man hört sie nicht!
Steuermann. Ei, seht doch nur!
Kein Licht! Von der Mannschaft keine Spur!
Mädchen *(im Begriff, an Bord des Holländers zu*
gehen).
He, Seeleut'! He! Wollt Fackeln ihr?
Wo seid ihr doch? Man sieht nicht hier!
Matrosen *(lachend).* Hahaha!
Weckt sie nicht auf! Sie schlafen noch.
Mädchen *(in das Schiff hineinrufend).*
He, Seeleut'! He! Antwortet doch!
(Große Stille.)

Steuermann und Matrosen. Haha!
  (Spöttisch, mit affektierter Traurigkeit.)
  Wahrhaftig! Sie sind tot:
  sie haben Speis und Trank nicht not!
Mädchen *(wie oben).*
  Wie, Seeleute? Liegt ihr so faul schon im Nest?
  Ist heute für euch denn nicht auch ein Fest?
Matrosen *(wie vorher).*
  Sie liegen fest auf ihrem Platz,
  wie Drachen hüten sie den Schatz.
Mädchen.
  He, Seeleute! Wollt ihr nicht frischen Wein?
  Ihr müsset wahrlich doch durstig auch sein!
Matrosen. Sie trinken nicht, sie singen nicht;
  in ihrem Schiffe brennt kein Licht.
Mädchen.
  Sagt! Habt ihr denn nicht auch ein Schätzchen am Land?
  Wollt ihr nicht mit tanzen auf freundlichem Strand?
Matrosen. Sie sind schon alt und bleich statt rot!
  Und ihre Liebsten, die sind tot!
Mädchen *(heftig rufend).*
  He, Seeleut'! Seeleut'! Wacht doch auf!
  Wir bringen euch Speise und Trank zuhauf!
Matrosen *(verstärkend).*
  He, Seeleut'! Seeleut'! Wacht doch auf!
        (Langes Stillschweigen.)
Mädchen *(betroffen und furchtsam).*
  Wahrhaftig, ja! Sie scheinen tot.
  Sie haben Speis und Trank nicht not.
Matrosen *(lustig).*
  Vom fliegenden Holländer wißt ihr ja!
  Sein Schiff, wie es leibt, wie es lebt, seht ihr da!
Mädchen *(wie zuvor).*
  So weckt die Mannschaft ja nicht auf:
  Gespenster sind's, wir schwören drauf!
Matrosen *(mit steigender Ausgelassenheit).*
  Wieviel hundert Jahre seid ihr zur See?
  Euch tut ja der Sturm und die Klippe nicht weh!
Mädchen. Sie trinken nicht! Sie singen nicht!
  In ihrem Schiffe brennt kein Licht.

M a t r o s e n.
    Habt ihr keine Brief', keine Aufträg' fürs Land?
    Unsren Urgroßvätern wir bringen's zur Hand!
M ä d c h e n. Sie sind schon alt und bleich statt rot!
    Und ihre Liebsten, ach, sind tot!
M a t r o s e n *(lärmend)*.
    Hei, Seeleute! Spannt eure Segel doch auf
    und zeigt uns des fliegenden Holländers Lauf!
M ä d c h e n *(sich mit ihren Körben furchtsam vom hol-*
    ländischen Schiffe entfernend).
    Sie wollen nicht! Uns graust es hier!
    Sie wollen nichts – was rufen wir?
M a t r o s e n. Ihr Mädel, laßt die Toten ruhn!
    Laßt's uns Lebend'gen gütlich tun!
M ä d c h e n *(den Matrosen ihre Körbe über Bord rei-*
    chend).
    So nehmt! Der Nachbar hat's verschmäht.
S t e u e r m a n n.
    Wie? Kommt ihr denn nicht selbst an Bord?
M a t r o s e n *(wiederholen).*
M ä d c h e n. Ei, jetzt noch nicht! Es ist ja nicht spät!
    Wir kommen bald! Jetzt trinkt nur fort,
    und, wenn ihr wollt, so tanzt dazu,
    nur gönnt dem müden Nachbar Ruh'. *(Sie gehen ab.)*
M a t r o s e n *(die Körbe leerend).*
    Juchhe! Juchhe! Da gibt's die Fülle!
    Lieb Nachbar, habe Dank!
S t e u e r m a n n. Zum Rand sein Glas ein jeder fülle!
    Lieb Nachbar liefert uns den Trank.
M a t r o s e n *(jubelnd).* Hallohohoho!
    Lieb Nachbarn, habt ihr Stimm' und Sprach',
    so wachet auf und macht's uns nach! Hussa!
    (Sie trinken aus und stampfen die Becher heftig auf.)
    (Von hier an beginnt es sich auf dem holländischen
                Schiffe zu regen.)
M a t r o s e n. Steuermann, laß die Wacht!
        Steuermann, her zu uns!
        Ho! He! Je! Ha!
        Hißt die Segel auf! Anker fest!
        Steuermann her!

Wachten manche Nacht im Sturm und Graus,
tranken oft des Meeres gesalznes Naß:
heute wachen wir bei Saus und Schmaus,
besseres Getränk gibt Mädel uns vom Faß.

    Hussassahe!
    Klipp' und Sturm drauss' –
    Jollohohe!
    Hussassahe!
Segel ein! Anker fest! Klipp' und Sturm lachen wir
                             aus!

      Steuermann, laß die Wacht!
      Steuermann, her zu uns!
      Ho! He! Je! Ha!
      Steuermann, her! Trink mit uns!
      Ho! He! Je! Ha!
      Klipp' und Sturm, he!
      Sind vorbei, he!
      Hussahe! Hollohe!
      Hussahe! Steuermann! Ho!
      Her, komm und trink mit uns!

(Das Meer, das sonst überall ruhig bleibt, hat sich im Umkreise des holländischen Schiffes zu heben begonnen; eine düstere, bläuliche Flamme lodert in diesem als Wachtfeuer auf. Sturmwind erhebt sich in dessen Tauen. – Die Mannschaft, von der man zuvor nichts sah, belebt sich.)

Die Mannschaft des Holländers.
      Johohoe! Johohoe! Hoe! Hoe! Hoe!
      Hui – ssa!
      Nach dem Land treibt der Sturm
      Hui – ssa!
      Segel ein! Anker los!
      Hui – ssa!
      In die Bucht laufet ein!
Schwarzer Hauptmann, geh ans Land,
sieben Jahre sind vorbei!
Frei' um blonden Mädchens Hand!
Blondes Mädchen, sei ihm treu!
      Lustig heut, hui!
      Bräutigam! Hui!

Sturmwind heult Brautmusik – Ozean tanzt dazu!
    Hui! – Horch, er pfeift! –
    – Kapitän, bist wieder da? –
    Hui! – Segel auf! –
    Deine Braut, sag, wo sie blieb? –
    – Hui! – Auf, in See! –
Kapitän! Kapitän! Hast kein Glück in der Lieb'!
    Hahaha!
    Sause, Sturmwind, heute zu!
    Unsren Segeln läßt du Ruh'!
    Satan hat sie uns gefeit,
    reißen nicht in Ewigkeit.
    Hohoe! nicht in Ewigkeit!

(Während des Gesanges der Holländer wird ihr Schiff von den Wogen auf und ab getragen; furchtbarer Sturmwind heult und pfeift durch die nackten Taue. Die Luft und das Meer bleiben übrigens, außer in der nächsten Umgebung des holländischen Schiffes, ruhig wie zuvor.)
Die norwegischen Matrosen *(die erst mit Verwunderung, dann mit Entsetzen zugehört und zugesehen haben).*
Welcher Sang? Ist es Spuk? – Wie mich's graut!
Stimmet an – unser Lied! – Singet laut! –
    Steuermann, laß die Wacht!
    Steuermann, her zu uns!
    Ho! He! Je! Ha!

(Der Gesang der Mannschaft des Holländers wird in einzelnen Strophen immer stärker wiederholt; die Norweger suchen ihn mit ihrem Liede zu übertäuben; nach vergeblichen Versuchen bringt sie das Tosen des Meeres, das Sausen, Heulen und Pfeifen des unnatürlichen Sturmes sowie der immer wilder werdende Gesang der Holländer zum Schweigen. Sie ziehen sich zurück, schlagen das Kreuz und verlassen das Verdeck; die Holländer, als sie dies sehen, erheben ein gellendes Hohngelächter. Sodann herrscht mit einem Male auf ihrem Schiffe wieder die erste Totenstille; Luft und Meer werden in einem Augenblick ruhig, wie zuvor.)

ZWEITER AUFTRITT

*Senta kommt bewegten Schrittes aus dem Hause; ihr
folgt Erik in höchster Aufregung.*

Nr. 8. Finale.

E r i k. Was mußt' ich hören, Gott, was mußt' ich sehen!
Ist's Täuschung, Wahrheit? Ist es Tat?
S e n t a *(sich mit peinlichem Gefühle abwendend).*
Oh, frage nicht! Antwort darf ich nicht geben.
E r i k. Gerechter Gott! Kein Zweifel! Es ist wahr!
Welch unheilvolle Macht riß dich dahin?
Welche Gewalt verführte dich so schnell,
grausam zu brechen dieses treuste Herz!
Dein Vater – ha! den Bräut'gam bracht' er mit . . .
Wohl kenn ich ihn . . . mir ahnte, was geschieht!
Doch du . . . ist's möglich! – reichest deine Hand
dem Mann, der deine Schwelle kaum betrat!
S e n t a *(wie oben).*
Nicht weiter! Schweig! Ich muß, ich muß!
E r i k. O des Gehorsams, blind wie deine Tat!
Den Wink des Vaters nanntest du willkommen,
mit *einem* Stoß vernichtest du mein Herz!
S e n t a *(mit sich kämpfend).*
Nicht mehr! Nicht mehr! Ich darf dich nicht mehr sehn,
nicht an dich denken: hohe Pflicht gebeut's.
E r i k. Welch hohe Pflicht? Ist's höhre nicht zu halten,
was du mir einst gelobtest, ewige Treue?
S e n t a *(heftig erschrocken).*
Wie? Ew'ge Treue hätt' ich dir gelobt?
E r i k *(mit Schmerz).* Senta, o Senta, leugnest du?

Kavatine.

Willst jenes Tags du nicht mehr dich entsinnen,
als du zu dir mich riefest in das Tal?
Als, dir des Hochlands Blume zu gewinnen,
mutvoll ich trug Beschwerden ohne Zahl?
Gedenkst du, wie auf steilem Felsenriffe
vom Ufer wir den Vater scheiden sahn?
Er zog dahin auf weiß beschwingtem Schiffe
und meinem Schutz vertraute er dich an.

Als sich dein Arm um meinen Nacken schlang,
gestandest du mir Liebe nicht aufs neu'?
Was bei der Hände Druck mich hehr durchdrang,
sag, war's nicht die Versichrung deiner Treu'?
*(Der Holländer hat den Auftritt belauscht; in furcht-
      barer Aufregung bricht er jetzt hervor.)*
Holländer.
Verloren! Ach, verloren! Ewig verlornes Heil!
E r i k *(entsetzt zurücktretend).* Was seh ich? Gott!
Holländer. Senta, leb wohl!
S e n t a *(sich ihm in den Weg werfend).*
Halt ein, Unsel'ger!
E r i k *(zu Senta).* Was beginnst du?
H o l l ä n d e r. In See! In See – für ew'ge Zeiten!
(Zu Senta.)
Um deine Treue ist's getan,
um deine Treue – um mein Heil!
Leb wohl, ich will dich nicht verderben!
E r i k. Entsetzlich! Dieser Blick ...!
S e n t a *(wie vorher).* Halt ein!
Von dannen sollst du nimmer fliehn!
H o l l ä n d e r *(gibt seiner Mannschaft ein gellendes
Zeichen auf einer Schiffspfeife).*
Segel auf! Anker los!
Sagt Lebewohl für Ewigkeit dem Lande!
S e n t a. Ha! Zweifelst du an meiner Treue!
Unsel'ger, was verblendet dich?
Halt ein! Das Bündnis nicht bereue!
Was ich gelobte, halte ich!
Holländer.
Fort auf das Meer treibt's mich aufs neue!
Ich zweifl an dir, ich zweifl an Gott!
Dahin! Dahin ist alle Treue!
Was du gelobtest, war dir Spott!
E r i k. Was hör ich! Gott, was muß ich sehen!
Muß ich dem Ohr, dem Auge traun?
Senta! Willst du zugrunde gehen?
Zu mir! Du bist in Satans Klaun!
Holländer.
Erfahre das Geschick, vor dem ich dich bewahre!

Verdammt bin ich zum gräßlichsten der Lose:
zehnfacher Tod wär' mir erwünschte Lust!
Vom Fluch ein Weib allein kann mich erlösen,
ein Weib, das Treu' bis in den Tod mir hält ...
Wohl hast du Treue mir gelobt, doch vor
dem Ewigen noch nicht: dies rettet dich!
Denn wiss', Unsel'ge, welches das Geschick,
das jene trifft, die mir die Treue brechen:
ew'ge Verdammnis ist ihr Los!
Zahllose Opfer fielen diesem Spruch
durch mich! Du aber sollst gerettet sein.
Leb wohl! Fahr hin, mein Heil, in Ewigkeit!

E r i k *(in furchtbarer Angst nach dem Hause und dem
Schiffe zu rufend).* Zu Hilfe! Rettet! Rettet sie!

S e n t a *(in höchster Aufregung).*
Wohl kenn ich dich! Wohl kenn ich dein Geschick!
Ich kannte dich, als ich zuerst dich sah!
Das Ende deiner Qual ist da! – Ich bin's,
durch deren Treu' dein Heil du finden sollst!

*(Auf Eriks Hilferufe sind Daland, Mary und die Mäd-
chen aus dem Hause, die Matrosen von dem Schiffe her-
beigeeilt.)*

E r i k. Helft ihr! Sie ist verloren!

D a l a n d , M a r y und C h o r. Was erblick ich!

D a l a n d. Gott!

H o l l ä n d e r *(zu Senta).*
Du kennst mich nicht, du ahnst nicht, wer ich bin!
*(Er deutet auf sein Schiff, dessen rote Segel aufge-
spannt sind und dessen Mannschaft in gespenstischer
Regsamkeit die Abfahrt vorberseitet.)*
Befrag die Meere aller Zonen, befrag
den Seemann, der den Ozean durchstrich,
er kennt dies Schiff, das Schrecken aller Frommen:
den *fliegenden Holländer* nennt man mich!

D i e M a n n s c h a f t d e s H o l l ä n d e r s.
Johohe! Johohoe! Hoe! Huissa!

*(Mit Blitzesschnelle langt er am Bord seines Schiffes an,
das augenblicklich unter dem Seerufe der Mannschaft
abfährt. Alles steht entsetzt. Senta sucht sich mit Gewalt
von Daland und Erik, die sie halten, loszuwinden.)*

D a l a n d , E r i k , M a r y und C h o r.
    Senta! Senta! Was willst du tun?
(Senta hat sich mit wütender Macht losgerissen und er-
reicht ein vorstehendes Felsenriff: von da aus ruft sie mit
aller Gewalt dem absegelnden Holländer nach.)
S e n t a. Preis deinen Engel und sein Gebot!
    Hier steh ich treu dir bis zum Tod!
(Sie stürzt sich in das Meer; in demselben Augenblicke
versinkt das Schiff des Holländers und verschwindet
schnell in Trümmern.* – In weiter Ferne entsteigen dem
Wasser der Holländer und Senta, beide in verklärter
Gestalt; er hält sie umschlungen.)

---

* Partitur: Das Meer schwillt hoch auf und sinkt in einem Wirbel
wieder zurück. Im Glührot der aufgehenden Sonne sieht man über
den Trümmern des Schiffes die verklärten Gestalten Sentas und des
Holländers sich umschlungen haltend dem Meer entsteigen und auf-
wärts schweben.

Heinrich Heine
Aus den Memoiren des Herren von Schnabelewopski

Aus Kapitel VII

Die Fabel von dem fliegenden Holländer ist euch gewiß
bekannt. Es ist die Geschichte von dem verwünschten
Schiffe, das nie in den Hafen gelangen kann und jetzt
schon seit undenklicher Zeit auf dem Meere herumfährt.
Begegnet es einem anderen Fahrzeuge, so kommen einige
von der unheimlichen Mannschaft in einem Boote heran-
gefahren und bitten, ein Paket Briefe gefälligst mitzu-
nehmen. Diese Briefe muß man an den Mastbaum fest-
nageln, sonst widerfährt dem Schiffe ein Unglück, be-
sonders wenn keine Bibel an Bord oder kein Hufeisen
am Fockmaste befindlich ist. Die Briefe sind immer an
Menschen adressiert, die man gar nicht kennt oder die
längst verstorben, so daß zuweilen der späte Enkel einen
Liebesbrief in Empfang nimmt, der an seine Urgroß-
mutter gerichtet ist, die schon seit hundert Jahr im Grabe
liegt. Jenes hölzerne Gespenst, jenes grauenhafte Schiff
führt seinen Namen von seinem Kapitän, einem Holländer, der einst bei allen Teufeln geschworen, daß er
irgendein Vorgebirge, dessen Namen mir entfallen, trotz
des heftigsten Sturms, der eben wehte, umschiffen wolle,
und sollte er auch bis zum Jüngsten Tage segeln müssen.
Der Teufel hat ihn beim Wort gefaßt, er muß bis zum
Jüngsten Tage auf dem Meere herumirren, es sei denn,
daß er durch die Treue eines Weibes erlöst werde. Der
Teufel, dumm wie er ist, glaubt nicht an Weibertreue
und erlaubte daher dem verwünschten Kapitän, alle sieben Jahr einmal ans Land zu steigen und zu heiraten
und bei dieser Gelegenheit seine Erlösung zu betreiben.
Armer Holländer! Er ist oft froh genug, von der Ehe
selbst wieder erlöst und seine Erlöserin loszuwerden, und
er begibt sich dann wieder an Bord.
Auf diese Fabel gründete sich das Stück, das ich im
Theater zu Amsterdam gesehen. Es sind wieder sieben
Jahre verflossen, der arme Holländer ist des endlosen

Umherirrens müder als jemals, steigt ans Land, schließt Freundschaft mit einem schottischen Kaufmann, dem er begegnet, verkauft ihm Diamanten zu spottwohlfeilem Preise, und wie er hört, daß sein Kunde eine schöne Tochter besitzt, verlangt er sie zur Gemahlin. Auch dieser Handel wird abgeschlossen. Nun sehen wir das Haus des Schotten, das Mädchen erwartet den Bräutigam zagen Herzens. Sie schaut oft mit Wehmut nach einem großen verwitterten Gemälde, welches in der Stube hängt und einen schönen Mann in spanisch-niederländischer Tracht darstellt; es ist ein altes Erbstück, und nach der Aussage der Großmutter ist es ein getreues Konterfei des fliegenden Holländers, wie man ihn vor hundert Jahren in Schottland gesehen zur Zeit König Wilhelms von Oranien. Auch ist mit diesem Gemälde eine überlieferte Warnung verknüpft, daß die Frauen der Familie sich vor dem Originale hüten sollten. Eben deshalb hat das Mädchen von Kind auf sich die Züge des gefährlichen Mannes ins Herz geprägt. Wenn nun der wirkliche fliegende Holländer leibhaftig hereintritt, erschrickt das Mädchen; aber nicht aus Furcht. Auch jener ist betroffen bei dem Anblick des Porträts. Als man ihm bedeutet, wen es vorstelle, weiß er jedoch jeden Argwohn von sich fernzuhalten; er lacht über den Aberglauben, er spöttelt selber über den fliegenden Holländer, den ewigen Juden des Ozeans; jedoch unwillkürlich in einen wehmütigen Ton übergehend, schildert er, wie Mynheer auf der unermeßlichen Wasserwüste die unerhörtesten Leiden erdulden müsse, wie sein Leib nichts anders sei als ein Sarg von Fleisch, worin seine Seele sich langweilt, wie das Leben ihn von sich stößt und auch der Tod ihn abweist: gleich einer leeren Tonne, die sich die Wellen einander zuwerfen und sich spottend einander zurückwerfen, so werde der arme Holländer zwischen Tod und Leben hin- und hergeschleudert, keins von beiden wolle ihn behalten; sein Schmerz sei tief wie das Meer, worauf er herumschwimmt, sein Schiff sei ohne Anker und sein Herz ohne Hoffnung.

Ich glaube, dieses waren ungefähr die Worte, womit der Bräutigam schließt. Die Braut betrachtet ihn ernsthaft